Impressum
Verlag: BABADADA GmbH, Nedderfeld 112 , 22529 Hamburg
Geschäftsführer / Verlagsleitung: Harald Hof
Druck: Books on Demand GmbH, In de Tarpen 42, 22848 Norderstedt

Imprint
Publisher: BABADADA GmbH, Nedderfeld 112 , 22529 Hamburg, Germany
Managing Director / Publishing direction: Harald Hof
Print: Books on Demand GmbH, In de Tarpen 42, 22848 Norderstedt

school

школа

klaslokaal
класна кімната

delen
ділити

186/2

bord
дошка

speelplaats
шкільний двір

leerkracht
вчитель

papier
папір

schrijven
писати

pen
ручка

bureau
письмовий стіл

liniaal
лінійка

boek
книга

leerling
учень

schooltas

ранець

pennenzak

пенал

potlood

олівець

puntenslijper

точило

gom

гумка

tekenblok

альбом для малювання

tekening

малюнок

verfborstel

пензель

verfdoos

коробка фарб

schaar

ножиці

lijm

клей

werkboek

зошит

huiswerk

домашнє завдання

12

nummer

число

2+2

optellen

додавати

5-2

aftrekken

віднімати

2×2

vermenigvuldigen

множити

rekenen

рахувати

A

letter

літера

ABCDEFG HIJKLMN OPQRSTU VWXYZ

alfabet

абетка

hello

woord

слово

tekst

текст

Lezen

читати

krijt

крейда

les

година

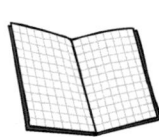

klassenboek

класний журнал

examen

екзамен

certificaat

диплом

schooluniform

шкільна форма

onderwijs

освіта

encyclopedie

лексикон

universiteit

університет

microscoop

мікроскоп

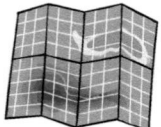

kaart

карта

papiermand

кошик для паперу

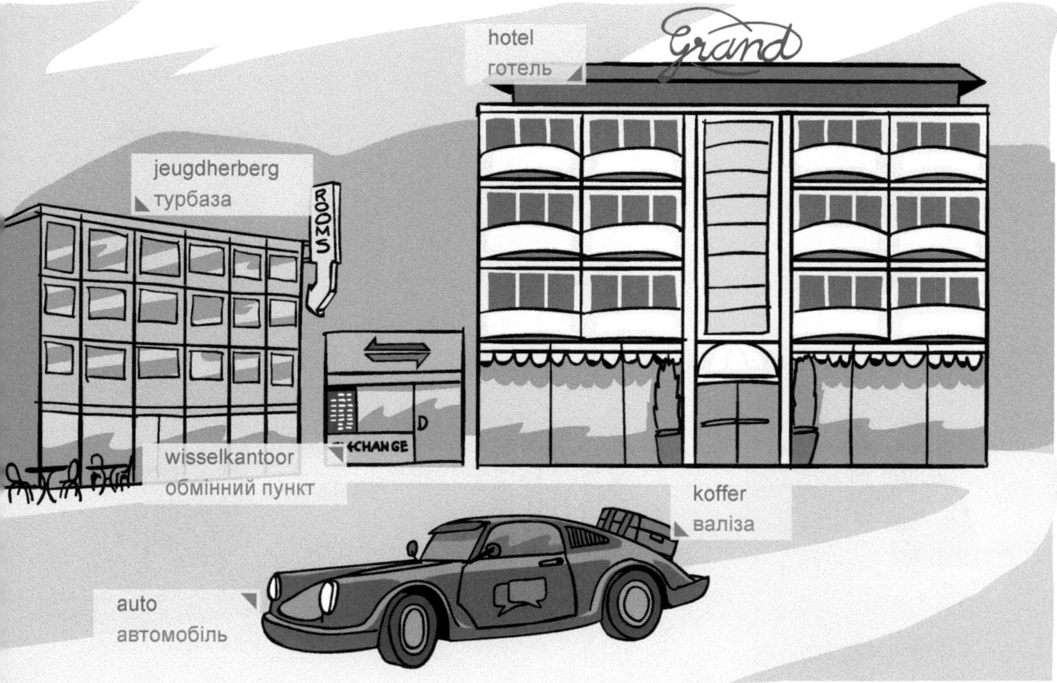

hotel
готель
Grand
jeugdherberg
турбаза
ROOMS
wisselkantoor
обмінний пункт
koffer
валіза
auto
автомобіль

Taal

мова

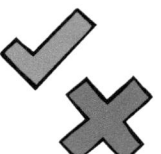

ja / nee

так / ні

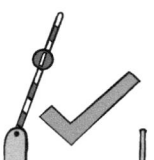

oké

добре

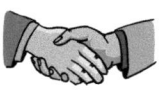

hallo

привіт

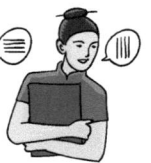

vertaler

перекладач

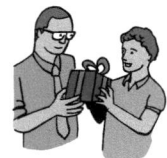

bedankt

дякую

Hoeveel kost ...?

Скільки коштує ...?

Ik begrijp het niet

Я не розумію

probleem

проблема

Goedenavond!

Добрий вечір!

Goedemorgen!

Доброго ранку!

Goedenavond!

На добраніч!

Tot ziens

До побачення

richting

напрямок

bagage

багаж

zak

сумка

rugzak

рюкзак

gast

гість

kamer

кімната

slaapzak

спальний мішок

tent

намет

toeristeninformatie

туристична інформація

strand

пляж

kredietkaart

кредитна картка

ontbijt

сніданок

lunch

обід

avondeten

вечеря

ticket

квиток

lift

ліфт

postzegel

поштова марка

grens

межа

douane

митниця

ambassade

посольство

visum

віза

paspoort

паспорт

transport

транспорт

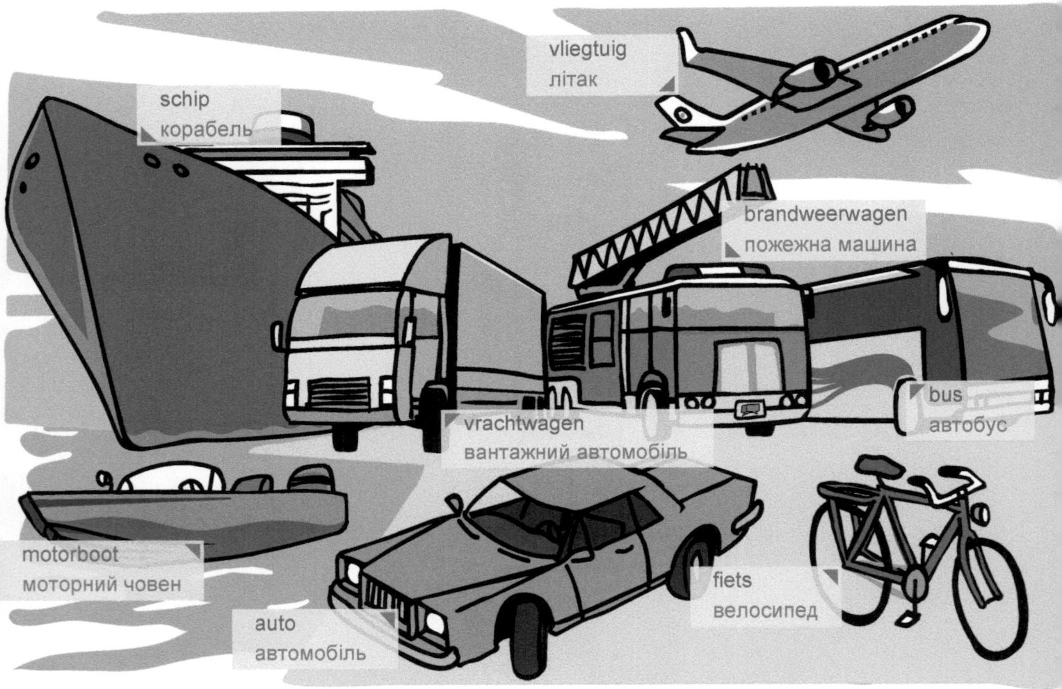
vliegtuig
літак
schip
корабель
brandweerwagen
пожежна машина
bus
автобус
vrachtwagen
вантажний автомобіль
motorboot
моторний човен
fiets
велосипед
auto
автомобіль

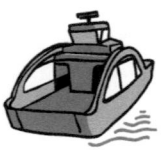

veerboot

пором

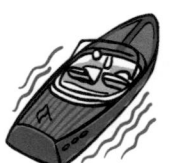

boot

човен

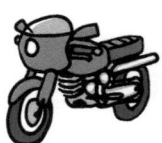

motor

мотоцикл

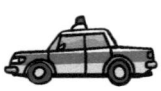

politiewagen

поліцейська машина

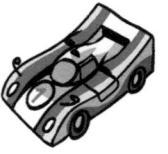

racewagen

гоночний автомобіль

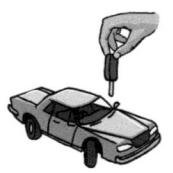

huurauto

автомобіль на прокат

carpoolen

спільне користування авто

sleepwagen

евакуатор

vuilniswagen

сміттєвоз

motor

двигун

benzine

паливо

benzinestation

автозаправна станція

verkeersbord

дорожній знак

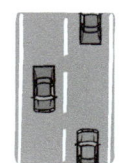

verkeer

рух

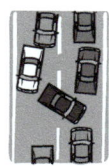

file

затор

parkeerplaats

стоянка

station

вокзал

sporen

рейки

trein

потяг

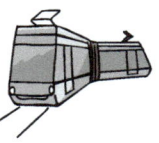

tram

трамвай

wagon

вагон

helikopter

гелікоптер

luchthaven

аеропорт

toren

вежа

passagier

пасажир

container

контейнер

karton

коробка

kar

візок

mand

кошик

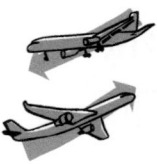

opstijgen / landen

стартувати / приземлятися

stad

місто

dorp

село

stadscentrum

центр міста

huis

дім

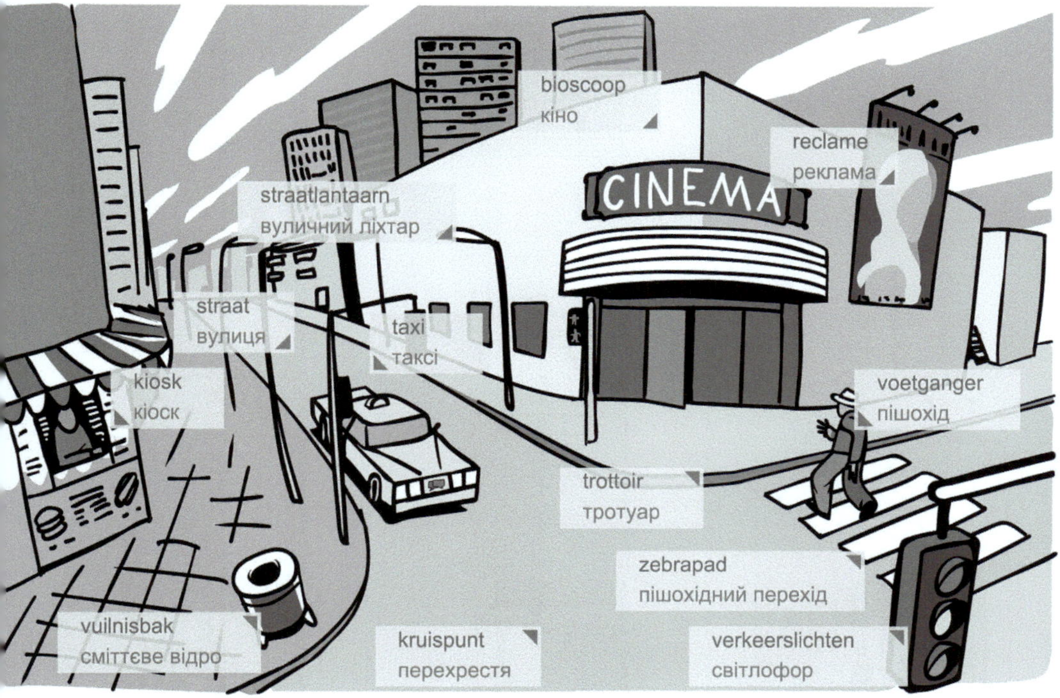

bioscoop
кіно
reclame
реклама
CINEMA
straatlantaarn
вуличний ліхтар
straat
вулиця
taxi
таксі
kiosk
кіоск
voetganger
пішохід
trottoir
тротуар
zebrapad
пішохідний перехід
vuilnisbak
сміттєве відро
kruispunt
перехрестя
verkeerslichten
світлофор

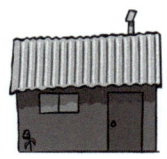

hut

хатина

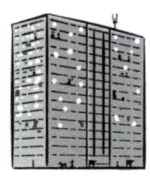

woning

квартира

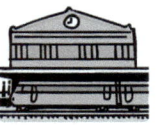

station

вокзал

stadshuis

ратуша

MUSEUM

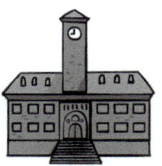

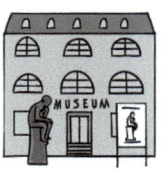

museum

музей

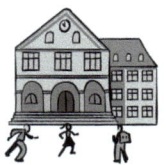

school

школа

universiteit

університет

bank

банк

ziekenhuis

лікарня

hotel

готель

apotheek

аптека

kantoor

офіс

boekwinkel

книжковий магазин

winkel

магазин

bloemenwinkel

квітковий магазин

supermarkt

супермаркет

markt

ринок

warenhuis

універмаг

vishandelaar

торговець рибою

winkelcentrum

торговельний центр

haven

гавань

park

парк

bank

лава

brug

міст

trap

сходи

metro

метро

tunnel

тунель

bushalte

автобусна зупинка

bar

бар

restaurant

ресторан

brievenbus

поштова скринька

straatnaambord

вулична табличка

parkeermeter

лічильник паркування

zoo

зоопарк

zwembad

басейн

moskee

мечеть

boerderij

ферма

milieuverontreiniging

забруднення
навколишнього
середовища

kerkhof

кладовище

kerk

церква

speelplaats

дитячий майданчик

tempel

храм

landschap

ландшафт

blad
листок

wegwijzer
вказівний стовп

weg
шлях

weide
луг

steen
камінь

wandelaar
мандрівник

boom
дерево

rivier
річка

gras
трава

bloem
квітка

vallei

долина

heuvel

гора

meer

озеро

bos

ліс

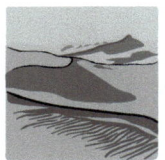

woestijn

пустеля

vulkaan

вулкан

kasteel

замок

regenboog

веселка

paddenstoel

гриб

palmboom

пальма

mug

комар

vlieg

муха

mier

мурашка

bijl

бджола

spin

павук

landschap - ландшафт

kever

жук

kikker

жаба

eekhoorn

вивірка

egel

їжак

haas

заєць

uil

сова

vogel

птах

zwaan

лебідь

wild zwijn

кабан

hert

олень

eland

лось

dam

гребля

windturbine

вітряк

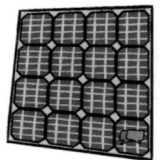

zonnepaneel

сонячний модуль

klimaat

клімат

restaurant

ресторан

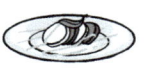

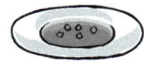

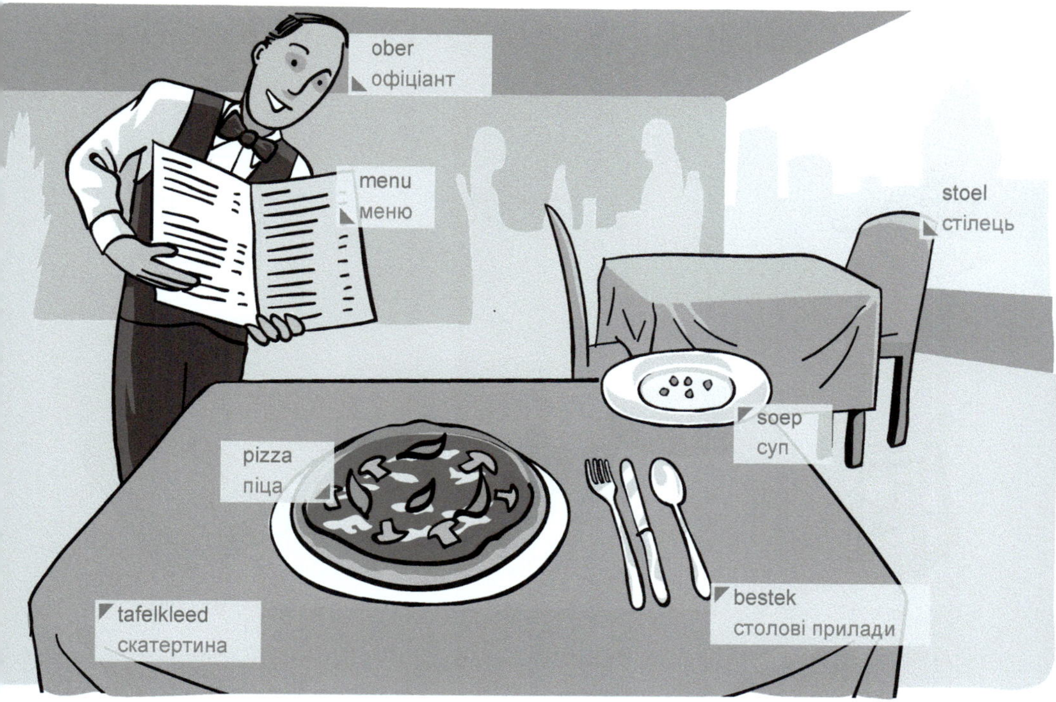

ober
офіціант
menu
меню
stoel
стілець
soep
суп
pizza
піца
tafelkleed
скатертина
bestek
столові прилади

voorgerecht

закуска

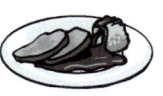

hoofdgerecht

друга страва

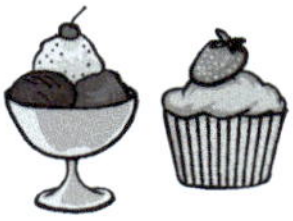

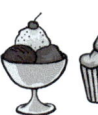

nagerecht

десерт

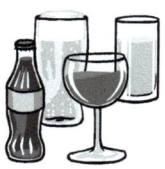

drankjes

напої

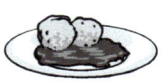

eten

їжа

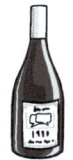

fles

пляшка

fastfood

фаст-фуд

street food

вулична їжа

theepot

чайник

suikerpot

цукорниця

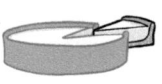

portie

порція

espressomachine

еспресо-машина

kinderstoel

високий стільчик

rekening

рахунок

dienblad

піднос

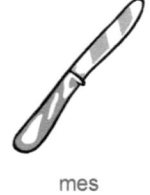

mes

ніж

vork

вилка

lepel

ложка

theelepel

чайна ложка

serviette

серветка

glas

склянка

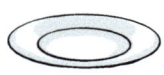

bord

тарілка

soepbord

тарілка для супу

schoteltje

блюдце

saus

соус

zoutvatje

солонка

pepermolen

млин для перцю

azijn

оцет

olie

масло

kruiden

спеції

ketchup

кетчуп

mosterd

гірчиця

mayonaise

майонез

supermarkt

супермаркет

aanbieding
пропозиція
FOR
klant
клієнт
zuivelproducten
молочні продукти
fruit
фрукти
winkelwagen
візок для покупок

BUTCHERS

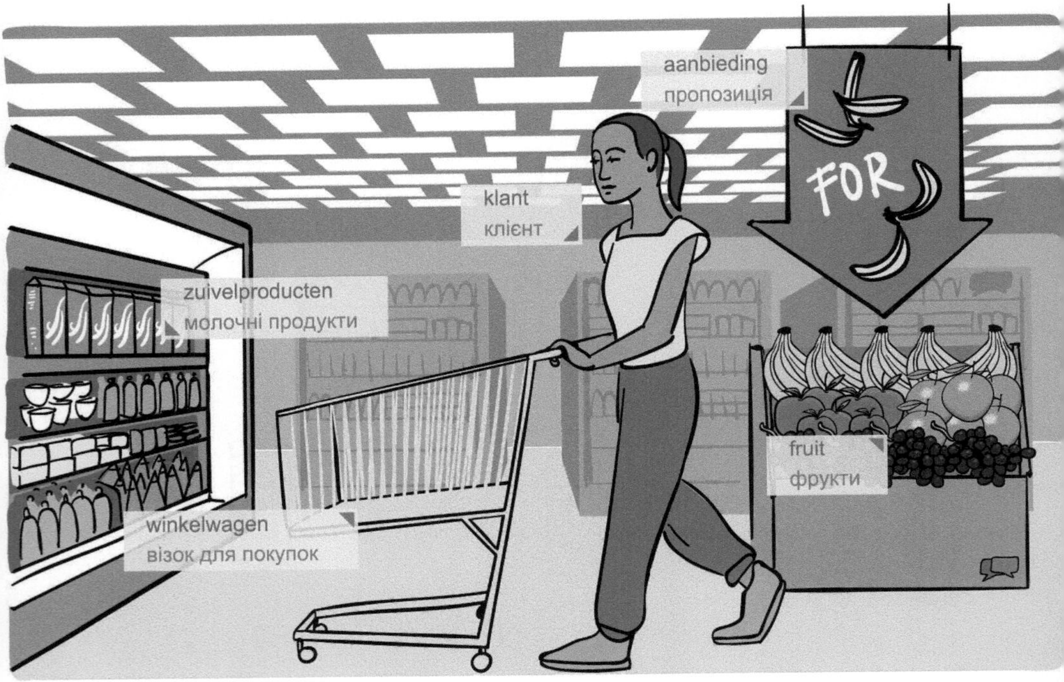

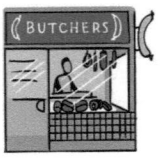

slagerij

м'ясний магазин

BAKERY

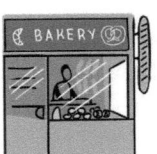

bakkerij

пекарня

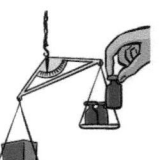

wegen

зважувати

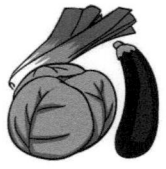

groenten

овочі

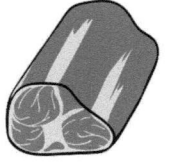

vlees

м'ясо

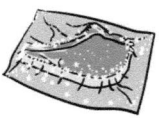

diepvriesvoedsel

заморожені продукти

charcuterie

ковбасна нарізка

conserven

консерви

waspoeder

пральний порошок

snoep

солодощі

huishoudproducten

предмети домашнього побуту

schoonmaakproducten

мийний засіб

verkoopster

продавщиця

kassa

каса

kassier

касир

boodschappenlijstje

список покупок

openingstijden

часи роботи

portefeuille

гаманець

kredietkaart

кредитна картка

tas

сумка

plastieken zakje

поліетиленовий пакет

water

вода

sap

сік

melk

молоко

cola

кола

wijn

вино

bier

пиво

alcohol

алкоголь

cacao

какао

thee

чай

koffie

кава

espresso

еспресо

cappuccino

капучіно

banaan

банан

appel

яблуко

sinaasappel

апельсин

meloen

кавун

citroen

лимон

wortel

морква

knoflook

часник

bamboe

бамбук

ajuin

цибуля

champignon

гриб

noten

горішки

noodles

локшина

spaghetti

спагеті

rijst

рис

salade

салат

frieten

картопля фрі

gebakken aardappelen

смажена картопля

pizza

піца

hamburger

гамбургер

sandwich

бутерброд

kalfslapje

шніцель

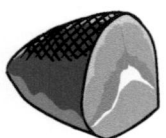

ham

шинка

salami

салямі

worst

ковбаса

kip

курка

braden

печеня

vis

риба

havervlokken

вівсяні пластівці

muesli

мюслі

cornflakes

кукурудзяні пластівці

bloem

борошно

croissant

круасан

pistolet

булочка

brood

хліб

toast

тостовий хліб

koekjes

печиво

boter

масло

kwark

сир

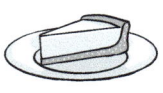

taart

пиріг

ei

яйце

spiegelei

яєчня

kaas

сир

ijs

морозиво

suiker

цукор

honing

мед

confituur

мармелад

choco

нуга-крем

curry

карі

boerderij
ферма

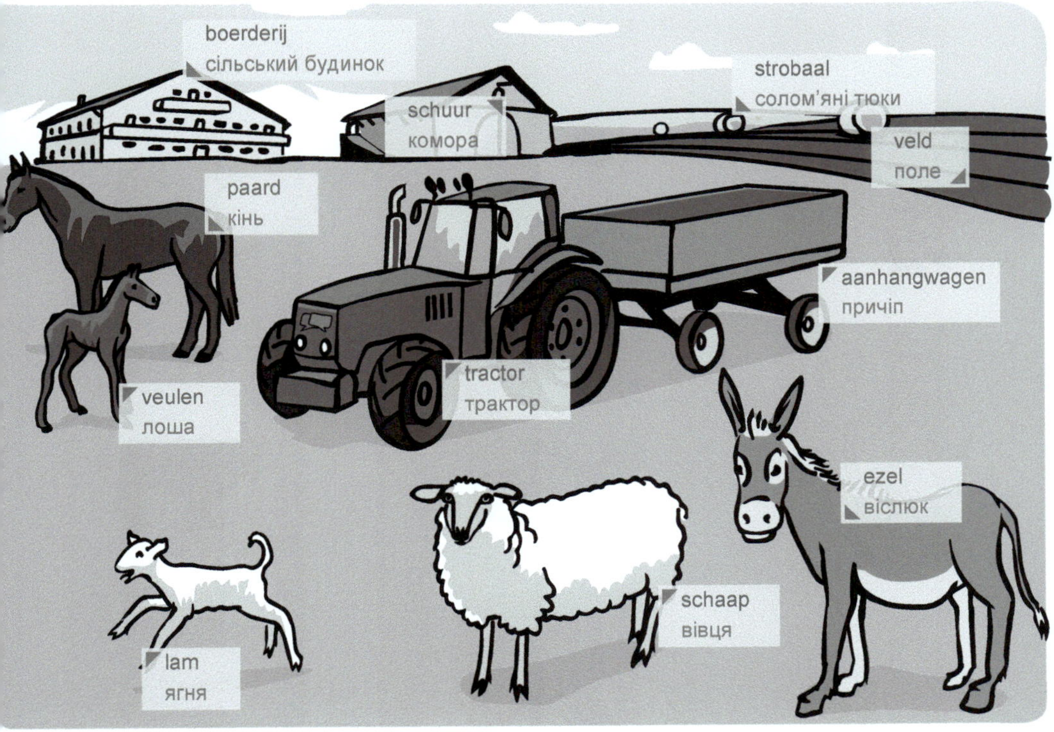
boerderij
сільський будинок
schuur
комора
strobaal
солом'яні тюки
veld
поле
paard
кінь
aanhangwagen
причіп
tractor
трактор
veulen
лоша
ezel
віслюк
schaap
вівця
lam
ягня

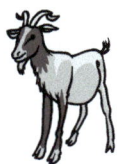

geit

коза

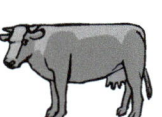

koe

корова

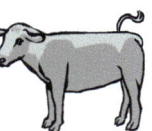

kalf

теля

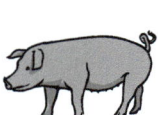

varken

свиня

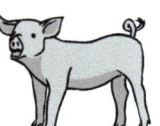

biggetje

порося

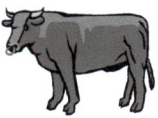

stier

бик

gans

гусак

eend

качка

kuiken

курча

kip

курка

haan

півень

rat

щур

kat

кіт

muis

миша

os

віл

hond

собака

hondenhok

собача будка

tuinslang

садовий шланг

gieter

лійка

zeis

коса

ploeg

плуг

sikkel

серп

schoffel

мотика

hooivork

вила

bijl

сокира

kruiwagen

тачка

trog

корито

melkkan

бідон молока

zak

мішок

hek

паркан

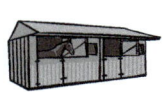

stal

хлів

broeikas

теплиця

bodem

ґрунт

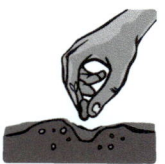

zaad

насіння

mest

добриво

maaidorser

комбайн

oogsten

пожинати

oogst

урожай

yam

корінь ямсу

tarwe

пшениця

soja

соя

aardappel

картопля

maïs

кукурудза

koolzaad

ріпак

fruitboom

плодове дерево

maniok

маніок

graan

злаки

huis
дім

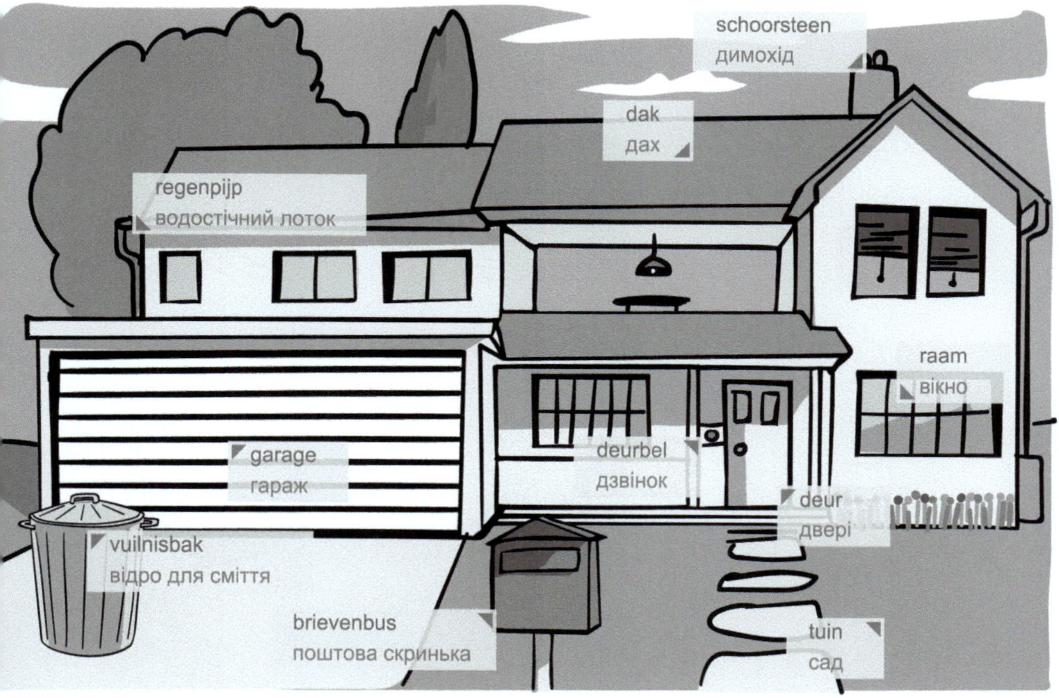
schoorsteen
димохід
dak
дах
regenpijp
водостічний лоток
raam
вікно
garage
гараж
deurbel
дзвінок
deur
двері
vuilnisbak
відро для сміття
brievenbus
поштова скринька
tuin
сад

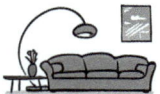

woonkamer

вітальня

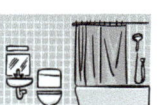

badkamer

ванна кімната

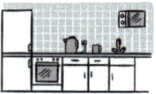

keuken

кухня

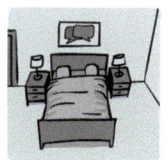

slaapkamer

спальня

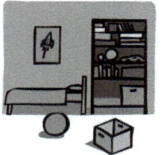

kinderkamer

дитяча кімната

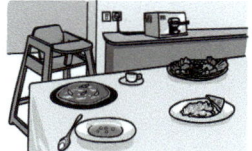

eetkamer

їдальня

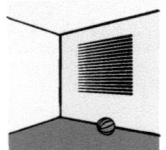

vloer

підлога

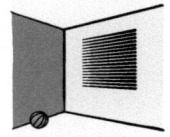

muur

стіна

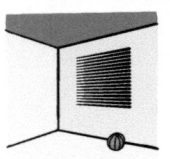

plafond

стеля

kelder

підвал

sauna

сауна

balkon

балкон

terras

тераса

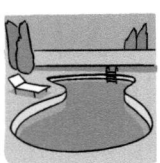

zwembad

басейн

grasmaaier

косарка

dekbedovertrek

простирало

dekbed

ковдра

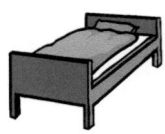

bed

ліжко

bezem

мітла

emmer

відро

schakelaar

перемикач

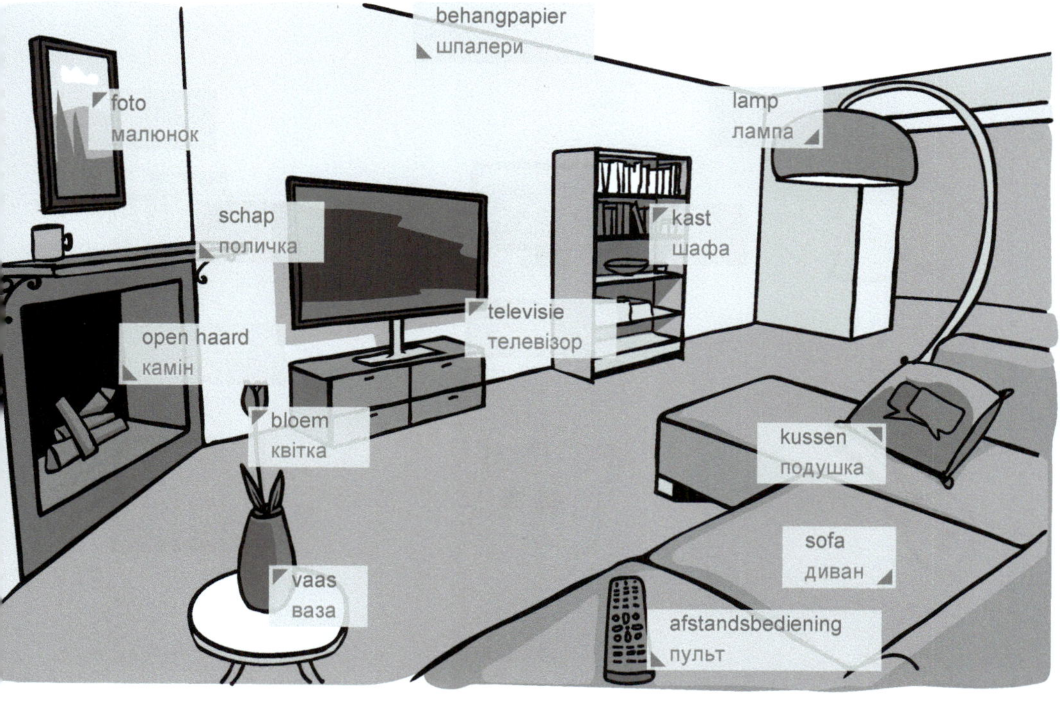

behangpapier
шпалери

foto
малюнок

lamp
лампа

schap
поличка

kast
шафа

open haard
камін

televisie
телевізор

bloem
квітка

kussen
подушка

sofa
диван

vaas
ваза

afstandsbediening
пульт

mat

килим

gordijn

завіса

tafel

стіл

stoel

стілець

schommelstoel

крісло-гойдалка

fauteuil

крісло

boek

книга

deken

ковдра

decoratie

прикраса

brandhout

дрова

film

фільм

stereo-installatie

стереосистема

sleutel

ключ

krant

газета

schilderij

картина

poster

плакат

radio

радіо

notitieboekje

блокнот

stofzuiger

пилосос

cactus

кактус

kaars

свічка

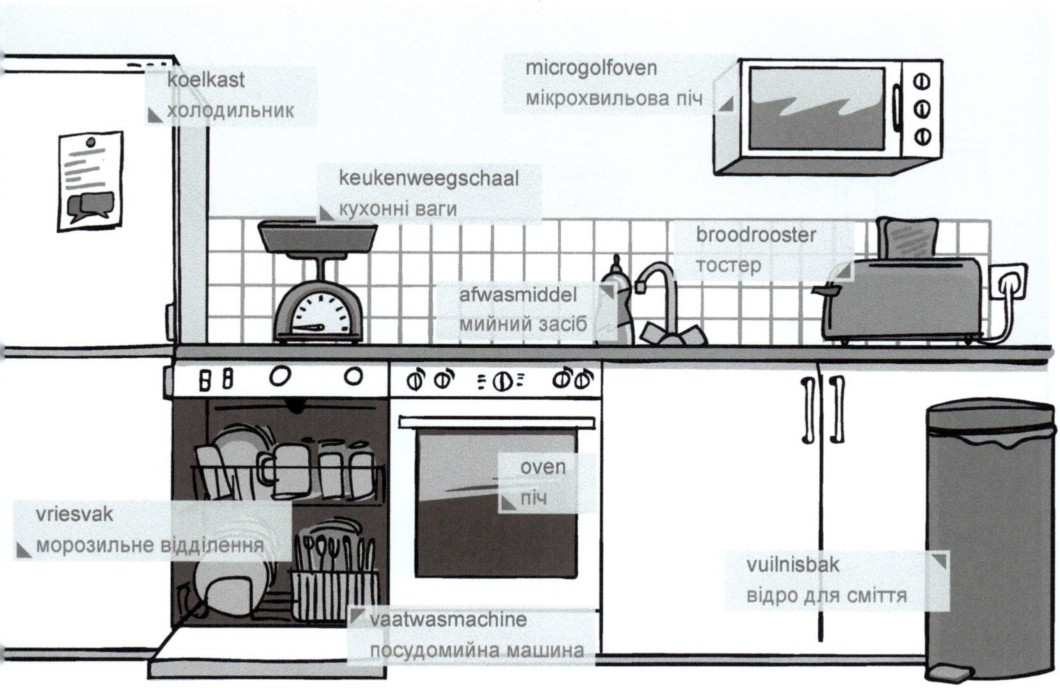

koelkast
холодильник

microgolfoven
мікрохвильова піч

keukenweegschaal
кухонні ваги

broodrooster
тостер

afwasmiddel
мийний засіб

oven
піч

vriesvak
морозильне відділення

vuilnisbak
відро для сміття

vaatwasmachine
посудомийна машина

fornuis

плита

pot

горщик

gietijzeren pot

чавунний горщик

wok / kadai

вок / кадай

pan

сковорода

waterkoker

чайник

stoomkoker

пароварка

bakplaat

лист

servies

посуд

mok

кухоль

kom

чаша

eetstokjes

палички для їжі

pollepel

черпак

spatel

лопатка

garde

вінчик для збивання

vergiet

сито

zeef

сито

rasp

терка

mortier

ступка

barbecue

барбекю

haardvuur

багаття

snijplank

дошка

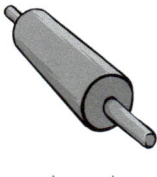

deegrol

качалка

kurkentrekker

штопор

blik

консерва

blikopener

відкривачка

pannenlap

прихватки

gootsteen

раковина

borstel

щітка

spons

губка

blender

міксер

vriezer

морозильна камера

papfles

дитяча пляшка

kraan

кран

badkamer

ванна кімната

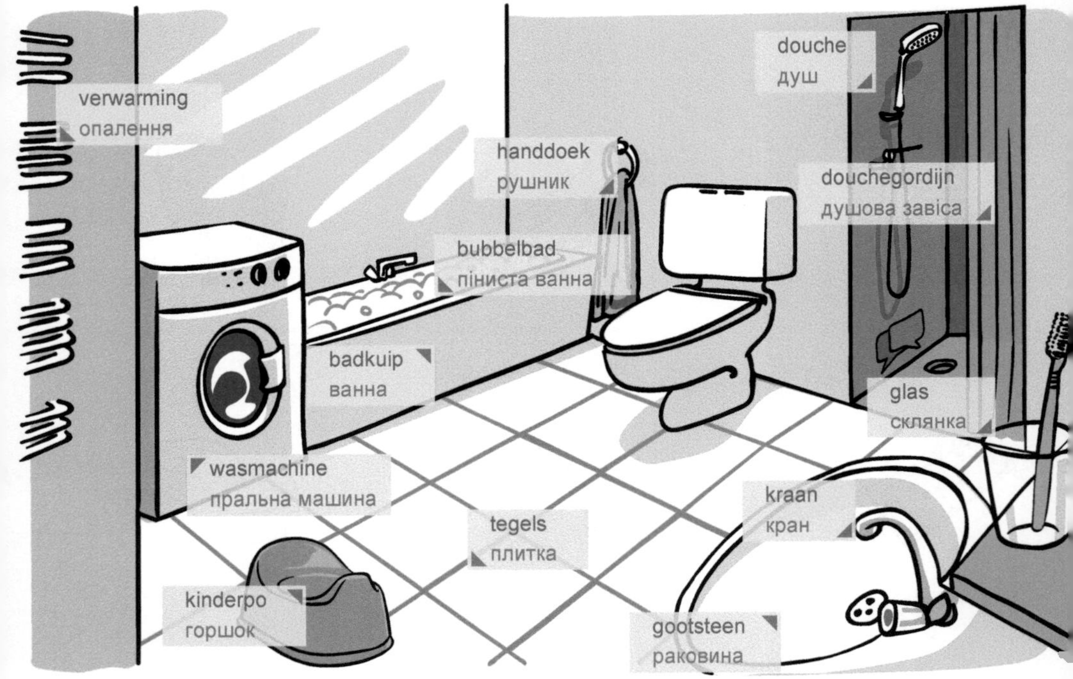
verwarming
опалення
douche
душ
handdoek
рушник
douchegordijn
душова завіса
bubbelbad
піниста ванна
badkuip
ванна
glas
склянка
wasmachine
пральна машина
kraan
кран
tegels
плитка
kinderpo
горшок
gootsteen
раковина

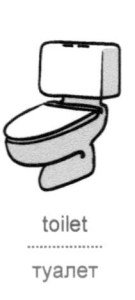

toilet

туалет

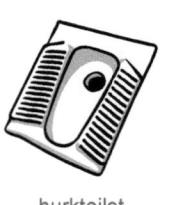

hurktoilet

підлоговий туалет

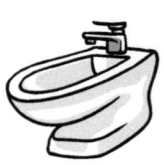

bidet

біде

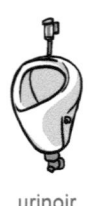

urinoir

пісуар

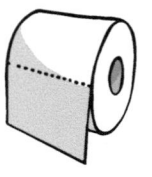

toiletpapier

туалетний папір

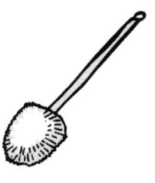

toiletborstel

щітка для туалету

tandenborstel

зубна щітка

tandpasta

зубна паста

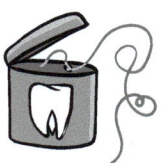

flosdraad

нитка для чищення зубів

wassen

мити

handdouche

ручний душ

bidethanddouche

інтимний душ

waskom

таз

rugborstel

щітка для спини

zeep

мило

douchegel

гель для душу

shampoo

шампунь

washandje

мочалка

afvoer

водостік

crème

крем

deodorant

дезодорант

spiegel

дзеркало

handspiegel

косметичне дзеркало

scheermes

бритва

scheerschuim

піна для гоління

aftershave

лосьйон після гоління

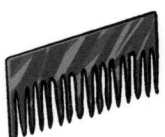

kam

гребінь

borstel

щітка

haardroger

фен

haarlak

лак для волосся

make-up

косметика

lippenstift

губна помада

nagellak

лак для нігтів

watten

вата

nagelknipper

ножиці для нігтів

parfum

парфум

toilettas

косметичка

kruk

табурет

weegschaal

ваги

badjas

халат

latex handschoenen

гумові рукавички

tampon

тампон

maandverband

гігієнічні прокладки

chemisch toilet

біотуалет

kinderkamer

дитяча кімната

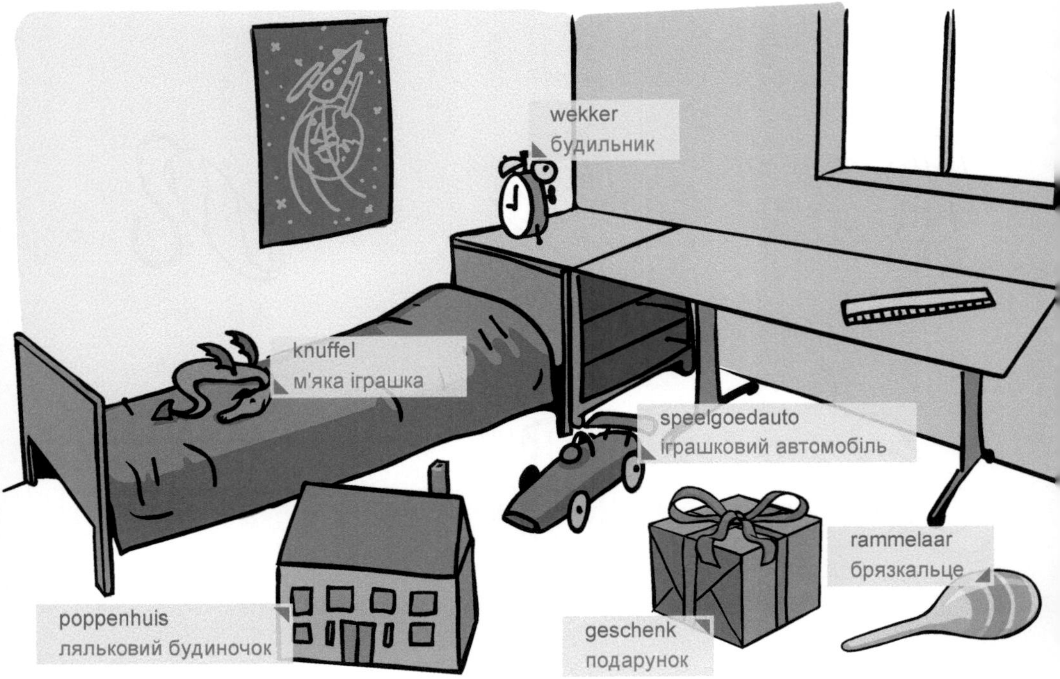
wekker
будильник
knuffel
м'яка іграшка
speelgoedauto
іграшковий автомобіль
rammelaar
брязкальце
poppenhuis
ляльковий будиночок
geschenk
подарунок

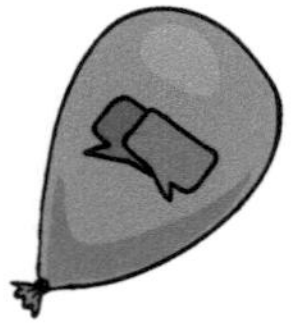

ballon

повітряна кулька

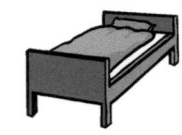

bed

ліжко

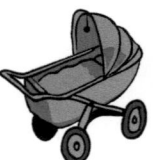

kinderwagen

дитячий візок

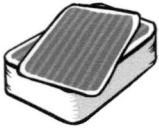

spel kaarten

картярська гра

puzzel

пазл

SUPER
MEGA

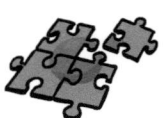

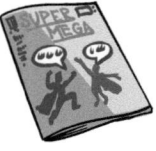

stripboek

комікс

legoblokjes

лего цеглинки

blokken

блоки

actiefiguur

іграшкова фігурка

kruippakje

повзунки

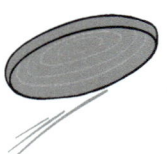

frisbee

фризбі

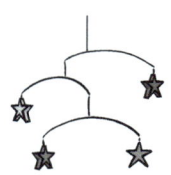

mobiel

мобіле

bordspel

настільна гра

dobbelsteen

кубик

modelspoorweg

модель залізнична станція

fopspeen

соска

feest

вечірка

prentenboek

книжка з картинками

bal

м'яч

pop

лялька

spelen

грати

zandbak

пісочниця

schommel

гойдалка

speelgoed

іграшка

spelconsole

гральна консоль

driewieler

триколісний велосипед

knuffelbeer

плюшевий мішка

kleerkast

шафа

kleding

одяг

sokken

шкарпетки

kousen

панчохи

maillot

колготки

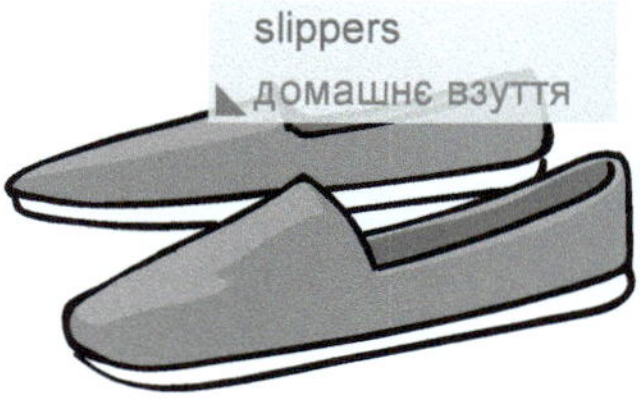

sjaal
шарф

paraplu
парасоля

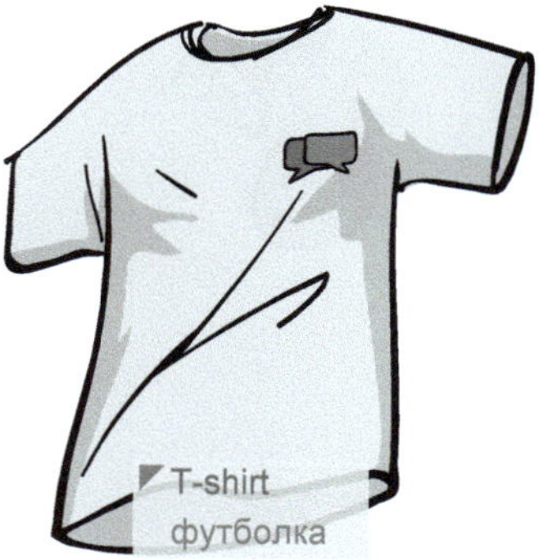

T-shirt
футболка

riem
ремінь

laarzen
чоботи

slippers
домашнє взуття

sneakers
кросівки

sandalen
....
сандалі

schoenen
....
взуття

rubberlaarzen
....
гумові чоботи

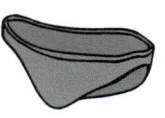

onderbroek
....
труси

beha
....
бюстгальтер

onderhemd
....
нижня сорочка

lichaam

боді

broek

штани

jeans

джинси

rok

спідниця

blouse

блузка

hemd

сорочка

trui

пуловер

capuchontrui

светр

blazer

піджак

jas

куртка

jas

пальто

regenjas

дощовик

kostuum

костюм

jurk

сукня

trouwjurk

весільна сукня

pak

костюм

nachthemd

нічна сорочка

pyjama

піжама

sari

сарі

hoofddoek

головна хустка

tulband

чалма

boerka

бурка

kaftan

кафтан

abaya

абая

badpak

купальник

zwembroek

плавки

short

шорти

trainingspak

тренувальний костюм

schort

фартух

handschoenen

рукавички

knoop

гудзик

bril

окуляри

armband

браслет

ketting

ланцюг

ring

кільце

oorbel

сережка

pet

шапка

kapstok

плічка

hoed

капелюх

das

краватка

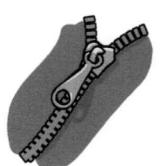

rits

застібка-блискавка

helm

шолом

bretellen

підтяжки

schooluniform

шкільна форма

uniform

уніформа

slabbetje

нагрудник

fopspeen

соска

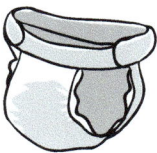

luier

підгузок

kantoor
офіс

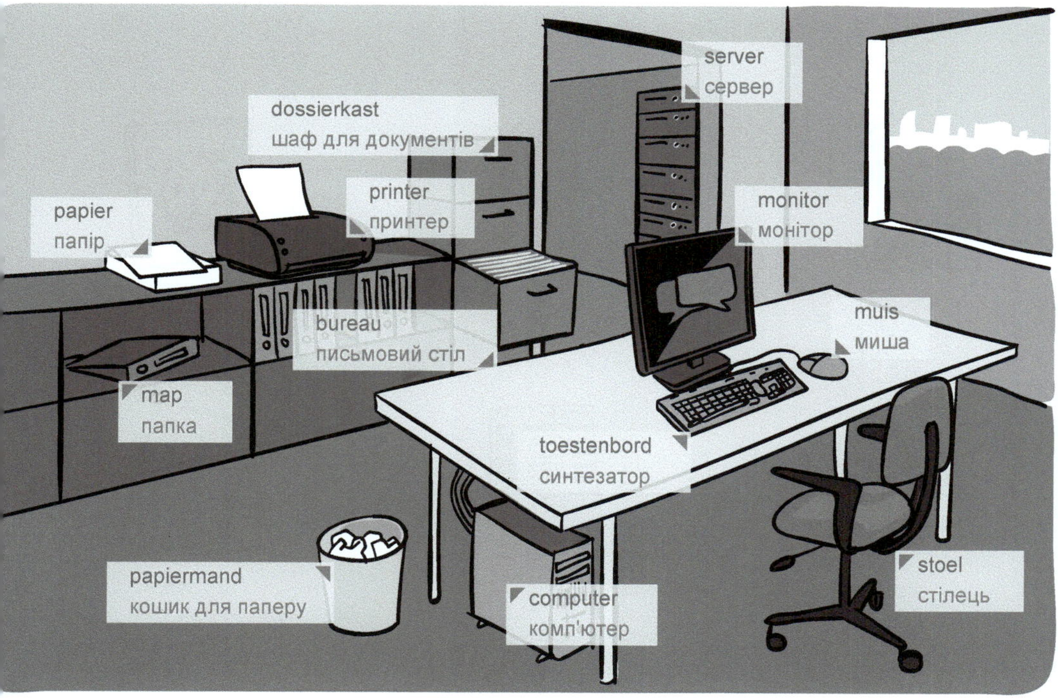

server
сервер

dossierkast
шаф для документів

printer
принтер

papier
папір

monitor
монітор

bureau
письмовий стіл

muis
миша

map
папка

toestenbord
синтезатор

papiermand
кошик для паперу

stoel
стілець

computer
комп'ютер

koffiemok

кавовий кухоль

rekenmachine

калькулятор

internet

інтернет

laptop
ноутбук

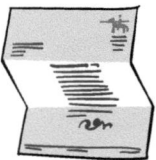

brief
лист

bericht
повідомлення

gsm
мобільний телефон

netwerk
мережа

kopieerapparaat
копіювальний пристрій

software
програмне забезпечення

telefoon
телефон

stopcontact
розетка

fax
факс

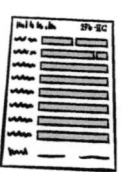

formulier
бланк

document
документ

kopen

купувати

betalen

платити

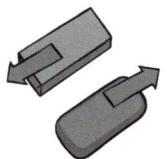

handelen

торгувати

geld

гроші

dollar

долар

euro

євро

yen

ієна

roebel

рубль

Zwitserse frank

франк

Chinese renminbi

юанів женьміньбі

roepie

рупія

geldautomaat

банкомат

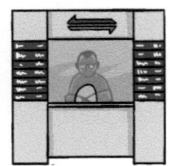

wisselkantoor

обмінний пункт

goud

золото

zilver

срібло

olie

нафта

energie

енергія

prijs

ціна

contract

контракт

belasting

податок

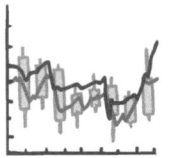

aandeel

акція

werken

працювати

werknemer

працівник

werkgever

роботодавець

fabriek

фабрика

winkel

магазин

economie - економіка

beroepen
професії

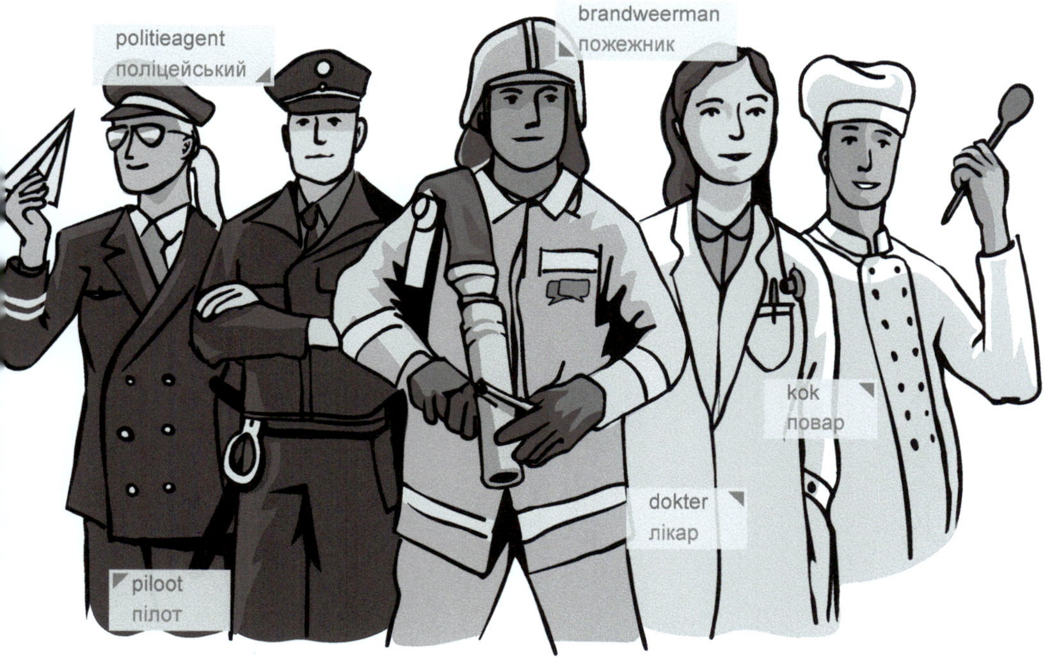
politieagent
поліцейський
brandweerman
пожежник
kok
повар
dokter
лікар
piloot
пілот

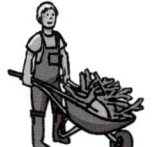

tuinman

садівник

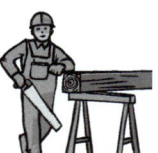

timmerman

столяр

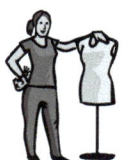

naaister

швачка

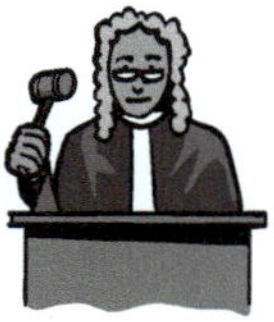

rechter

суддя

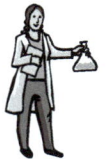

chemicus

хімік

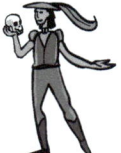

acteur

актор

buschauffeur

водій автобуса

taxichauffeur

таксист

visser

рибалка

schoonmaakster

прибиральниця

dakdekker

покрівельник

ober

офіціант

jager

мисливець

schilder

художник

bakker

пекар

elektricien

електрик

bouwvakker

будівельник

ingenieur

інженер

slager

забійник

loodgieter

бляхар

postbode

листоноша

soldaat

солдат

architect

архітектор

kassier

касир

bloemist

флорист

kapper

перукар

conducteur

кондуктор

mecanicien

механік

kapitein

капітан

tandarts

дантист

wetenschapper

вчений

rabbijn

рабин

imam

імам

monnik

монах

geestelijke

пастор

werktuigen
інструменти

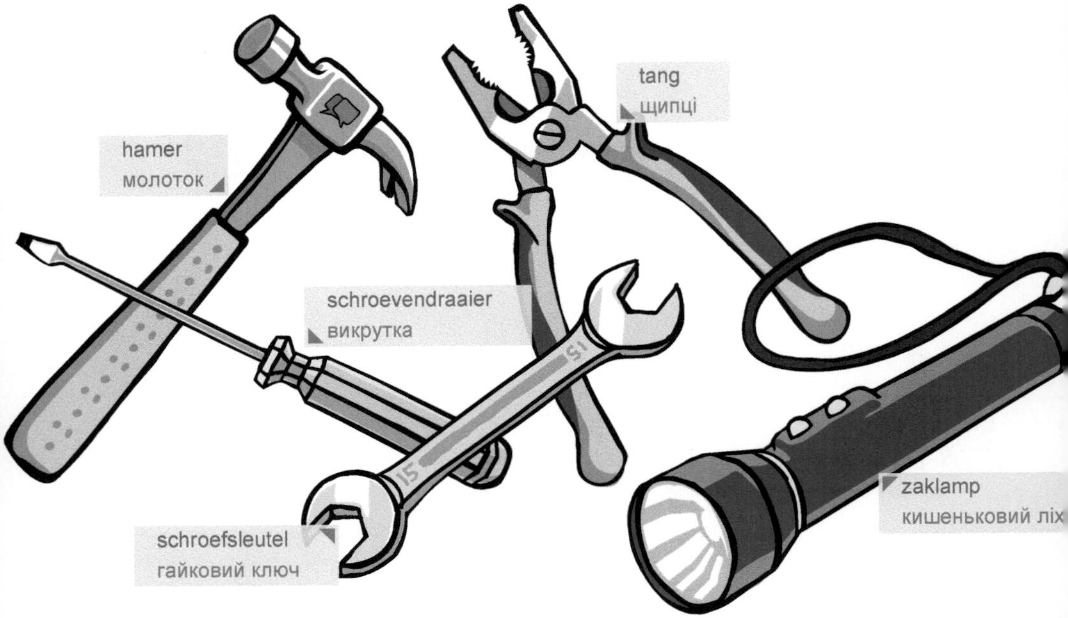
hamer
молоток
tang
щипці
schroevendraaier
викрутка
schroefsleutel
гайковий ключ
zaklamp
кишеньковий ліх

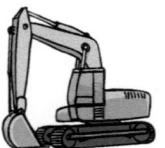

graafmachine

екскаватор

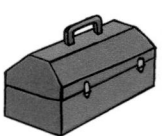

gereedschapskoffer

ящик для інструментів

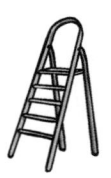

ladder

драбина

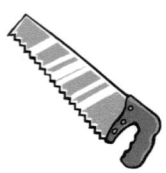

zaag

пилка

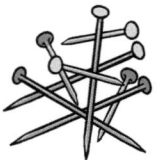

spijkers

цвяхи

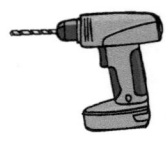

boormachine

свердло

reparPeren

ремонтувати

schop

лопата

Verdomme!

лайно!

blik

совок

verfpot

відро з фарбою

schroeven

гвинти

muziekinstrumenten
музичні інструменти

drumstel
ударна установка

luidspreker
динамік

gitaar
гітара

contrabas
контрабас

trompet
труба

piano

фортепіано

viool

скрипка

basgitaar

бас

pauk

литаври

trommels

барабан

keyboard

клавіатура

saxofoon

саксофон

fluit

флейта

microfoon

мікрофон

zoo

зоопарк

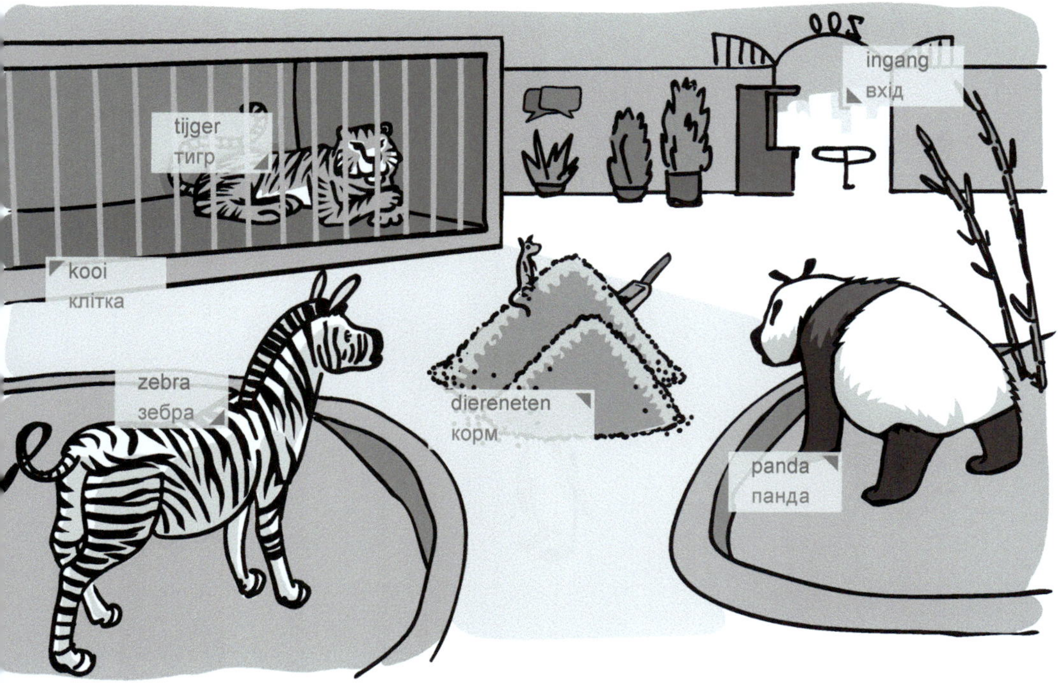

tijger
тигр
ingang
вхід
kooi
клітка
zebra
зебра
diereneten
корм
panda
панда

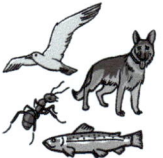

dieren
тварини

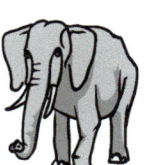

olifant
слон

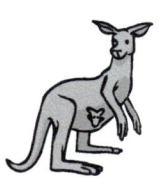

kangoeroe
кенгуру

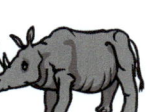

neushoorn
носоріг

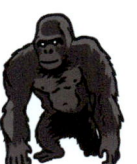

gorilla
горила

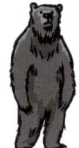

beer
ведмідь

kameel

верблюд

struisvogel

страус

leeuw

лев

aap

мавпа

flamingo

фламінго

papegaai

папуга

ijsbeer

білий ведмідь

pinguïn

пінгвін

haai

акула

pauw

павич

slang

змія

krokodil

крокодил

dierenverzorger

працівник зоопарку

zeehond

тюлень

jaguar

ягуар

pony

поні

luipaard

леопард

nijlpaard

гіпопотам

giraffe

жираф

adelaar

орел

wild zwijn

кабан

vis

риба

zeeschildpad

черепаха

walrus

морж

vos

лисиця

gazelle

газель

zoo - зоопарк

rugby
американський футбол

wielrennen
їзда на велосипеді

tennis
теніс

basketbal
баскетбол

zwemmen
плавання

boksen
бокс

ijshockey
хокей

voetbal
футбол

badminton
бадмінтон

atletiek
легка атлетика

handbal
гандбол

skiën
лижні перегони

polo
поло

activiteiten

дії

springen
стрибати
knuffelen
обіймати
lachen
сміятися
wandelen
йти
zingen
співати
dromen
мріяти
bidden
молитися
kussen
цілувати

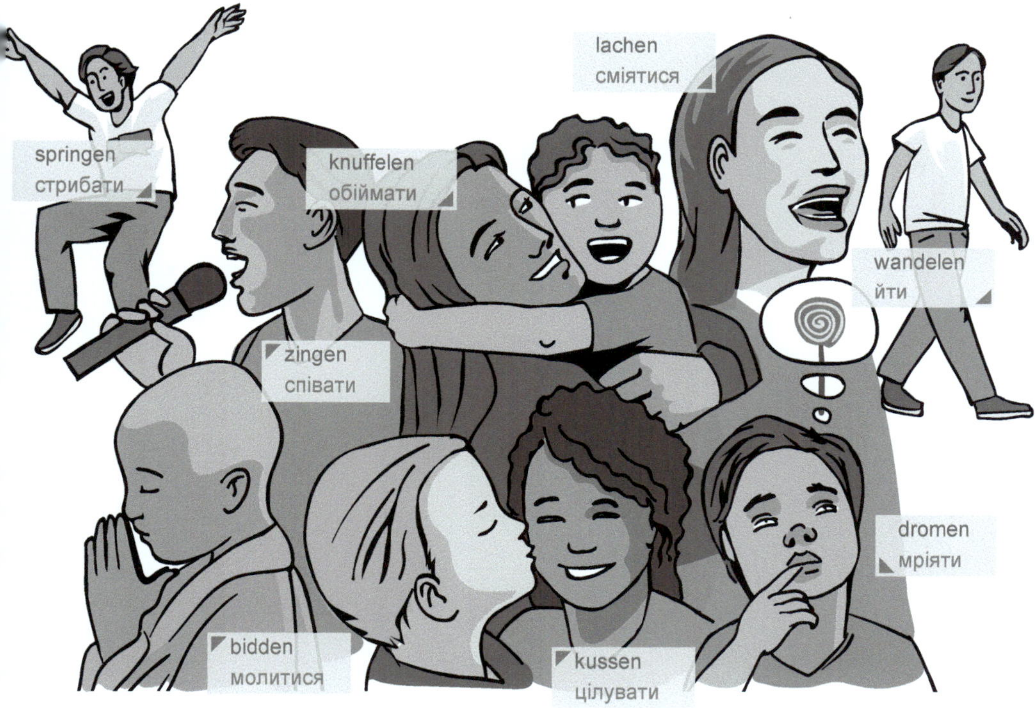

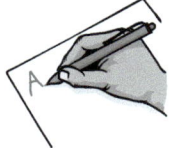

schrijven
писати

tekenen
малювати

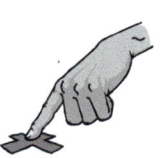

tonen
показувати

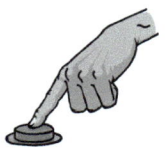

duwen
тиснути

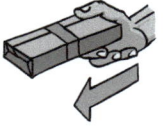

geven
давати

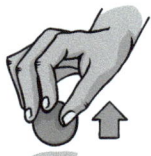

nemen
брати

hebben

мати

doen

робити

zijn

бути

staan

стояти

lopen

бігати

trekken

тягнути

gooien

кидати

vallen

падати

liggen

лежати

wachten

очікувати

dragen

носити

zitten

сидіти

aankleden

одягати

slapen

спати

ontwaken

просипатися

kijken naar

дивитися

wenen

плакати

aaien

гладити

kammen

розчісувати

praten

розмовляти

begrijpen

розуміти

vragen

питати

luisteren

слухати

drinken

пити

eten

їсти

opruimen

прибирати

houden van

любити

koken

варити

rijden

їхати

vliegen

літати

zeilen

йти під вітрилом

rekenen

рахувати

Lezen

читати

leren

вчитися

werken

працювати

trouwen

одружуватися

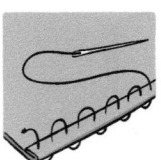

naaien

шити

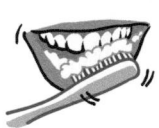

tandenpoetsen

чистити зуби

doden

убивати

roken

курити

sturen

посилати

familie
сім'я

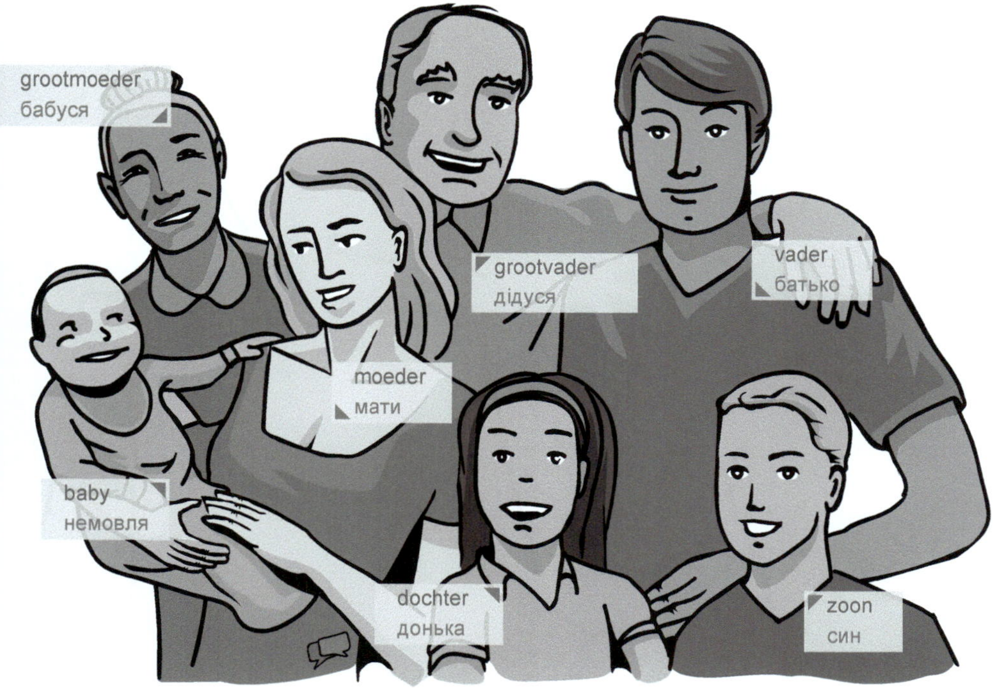
grootmoeder
бабуся
grootvader
дідуся
vader
батько
moeder
мати
baby
немовля
dochter
донька
zoon
син

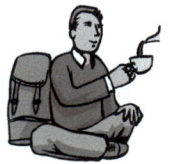

gast
гість

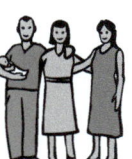

tante
тітка

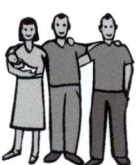

oom
дядько

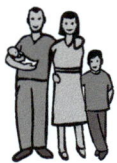

broer
брат

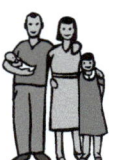

zus
сестра

lichaam

тіло

voorhoofd
чоло
oog
око
schouder
плече
vinger
палець
gezicht
обличчя
kin
підборіддя
hand
кисть
been
нога
borst
груди
arm
рука

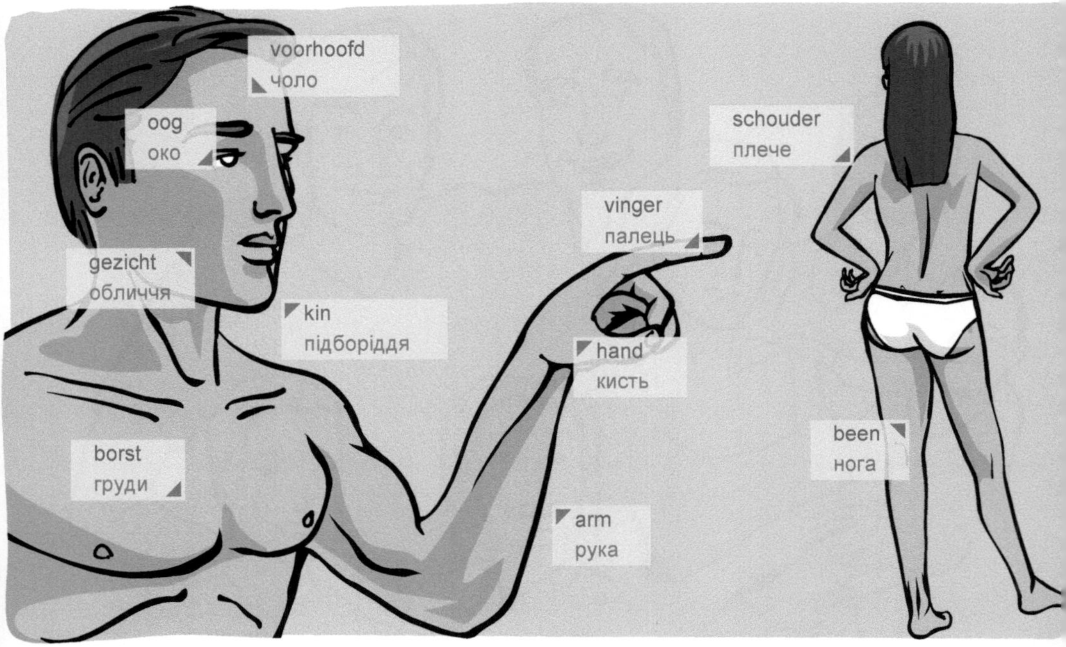

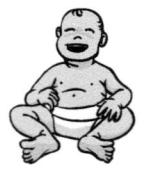

baby
немовля

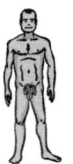

man
чоловік

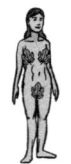

vrouw
жінка

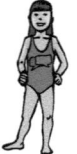

meisje
дівчина

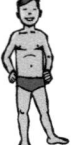

jongen
хлопчик

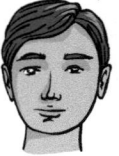

hoofd
голова

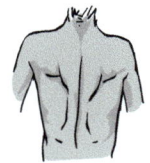

rug

спина

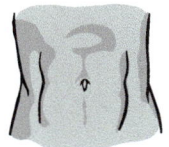

buik

живіт

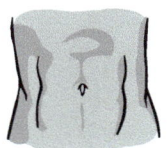

navel

пуп

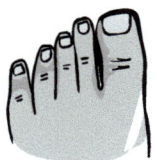

teen

палець ноги

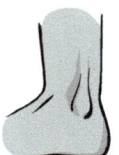

hiel

п'ята

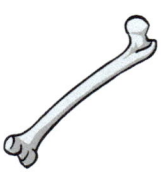

bot

кістка

heup

стегно

knie

коліно

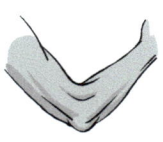

elleboog

лікоть

neus

ніс

zitvlak

сідниці

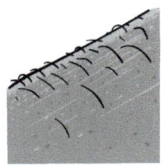

huid

шкіра

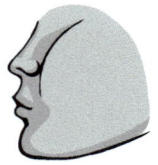

wang

щока

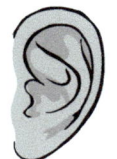

oor

вухо

lip

губа

lichaam - тіло

mond

рот

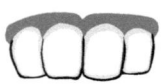

tand

зуб

tong

язик

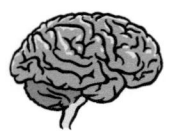

hersenen

мозок

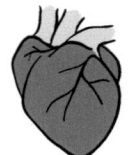

hart

серце

spier

м'яз

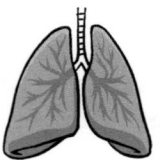

long

легені

lever

печінка

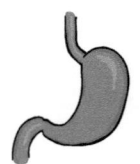

maag

шлунок

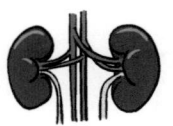

nieren

нирки

seks

статевий акт

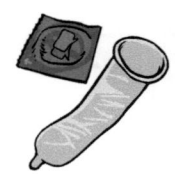

condoom

презерватив

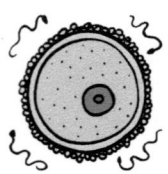

eicel

яйцеклітина

sperma

сперма

zwangerschap

вагітність

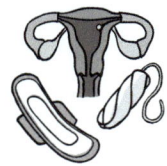

menstruatie

менструація

vagina

вагіна

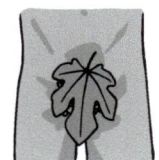

penis

пеніс

wenkbrauw

брова

haar

волосся

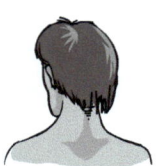

nek

шия

lichaam - тіло

ziekenhuis

лікарня

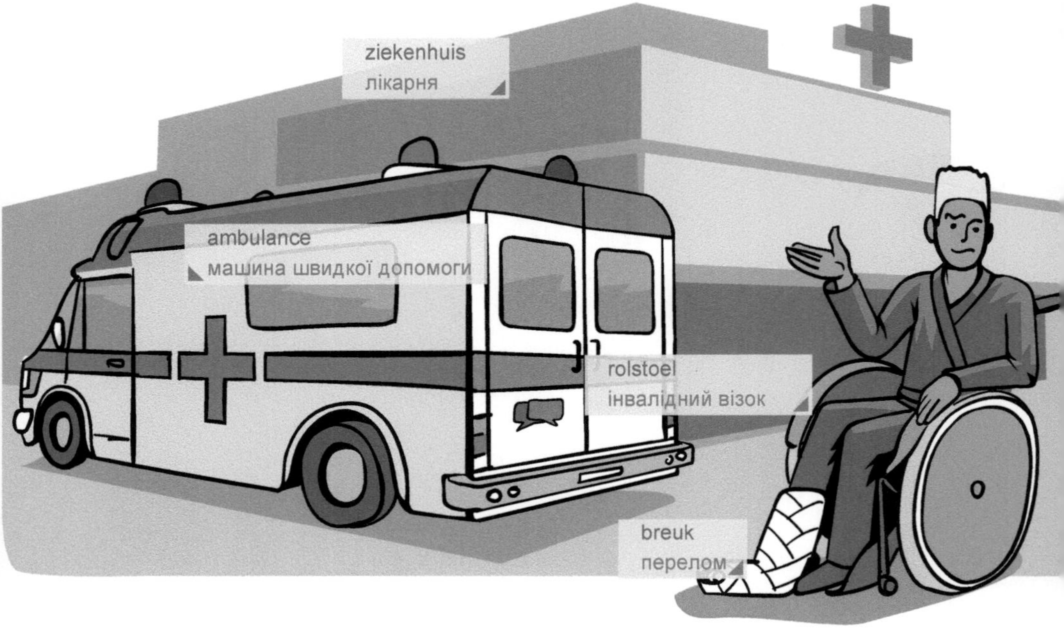

ziekenhuis
лікарня
ambulance
машина швидкої допомоги
rolstoel
інвалідний візок
breuk
перелом

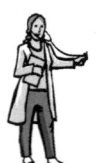

dokter

лікар

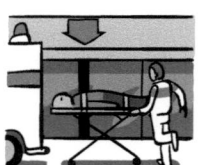

spoed

відділення швидкої медичної допомоги

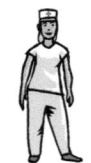

verpleegkundige

медсестра

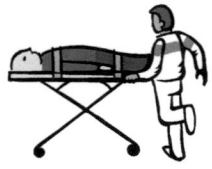

noodgeval

аварійний випадок

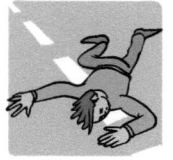

bewusteloos

непритомний

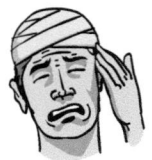

pijn

біль

verwonding

травма

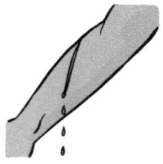

bloeding

кровотеча

hartaanval

інфаркт

beroerte

інсульт

allergie

алергія

hoest

кашель

koorts

лихоманка

griep

грип

diarree

пронос

hoofdpijn

головна біль

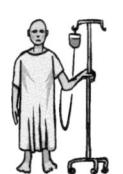

kanker

рак

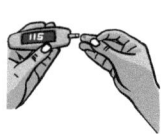

diabetes

діабет

chirurg

хірург

scalpel

скальпель

operatie

операція

CT

КТ

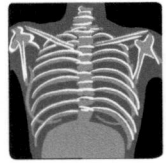

röntgenstraal

рентген

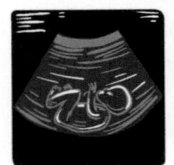

ultrageluid

ультразвук

gezichtsmasker

маска

ziekte

хвороба

wachtkamer

зал очікування

kruk

милиця

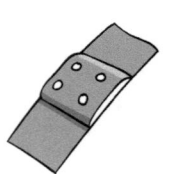

pleister

пластир

verband

пов'язка

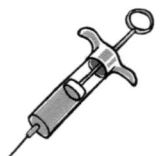

injectie

ін'єкція

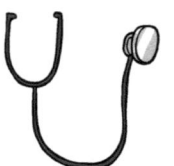

stethoscoop

стетоскоп

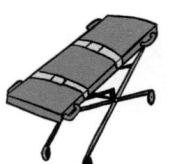

brancard

ноші

thermometer

термометр

geboorte

народження

overgewicht

надмірна вага

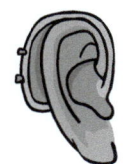

hoorapparaat

слуховий апарат

ontsmettingsmiddel

дезінфікуючий засіб

infectie

інфекція

virus

вірус

HIV / AIDS

ВІЛ / СНІД

medicijn

медицина

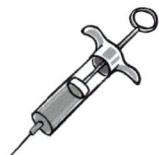

vaccinatie

вакцинація

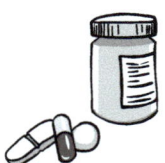

tabletten

таблетки

pil

протизаплідна пігулка

noodoproep

екстрений виклик

bloeddrukmeter

тонометр

ziek / gezond

хворий / здоровий

Help!

Допоможіть!

alarm

сигнал тривоги

overval

напад

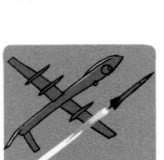

aanval

атака

gevaar

небезпека

nooduitgang

аварійний вихід

Brand!

Вогонь!

brandblusser

вогнегасник

ongeval

аварія

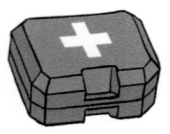

EHBO-kit

аптечка

SOS

СОС

politie

поліція

Europa

Європа

Noord-Amerika

Північна Америка

Zuid-Amerika

Південна Америка

Afrika

Африка

Azië

Азія

Australië

Австралія

Atlantische Oceaan

Атлантика

Stille Oceaan

Тихий океан

Indische Oceaan

Індійський океан

Antarctische Oceaan

Антарктичний океан

Arctische Oceaan

Північний Льодовитий океан

Noordpool

Північний полюс

Zuidpool

Південний полюс

Antarctica

Антарктика

aarde

Земля

land

суша

zee

море

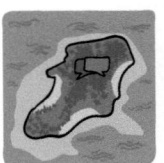

eiland

острів

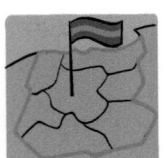

natie

нація

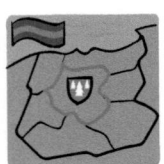

staat

держава

wijzerplaat

циферблат

uurwijzer

годинникова стрілка

minuutwijzer

хвилинна стрілка

secondewijzer

секундна стрілка

Hoe laat is het?

Котра година?

dag

день

tijd

час

nu

зараз

digitale horloge

цифровий годинник

minuut

хвилина

uur

година

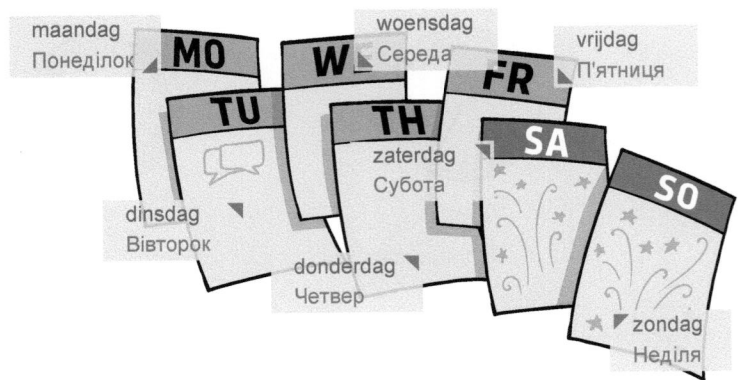

maandag
Понеділок

woensdag
Середа

vrijdag
П'ятниця

dinsdag
Вівторок

donderdag
Четвер

zaterdag
Субота

zondag
Неділя

gisteren

вчора

vandaag

сьогодні

morgen

завтра

ochtend

ранок

middag

опівдні

avond

вечір

werkdagen

робочі дні

weekend

кінець робочого тижня

jaar
рік

regen
дощ
regenboog
веселка
wind
вітер
sneeuw
сніг
lente
весна
herfst
осінь
zomer
літо
winter
зима

4.APRIL 11°
5.APRIL 4°
6.APRIL 13°
7.APRIL 8°
8.APRIL 10°

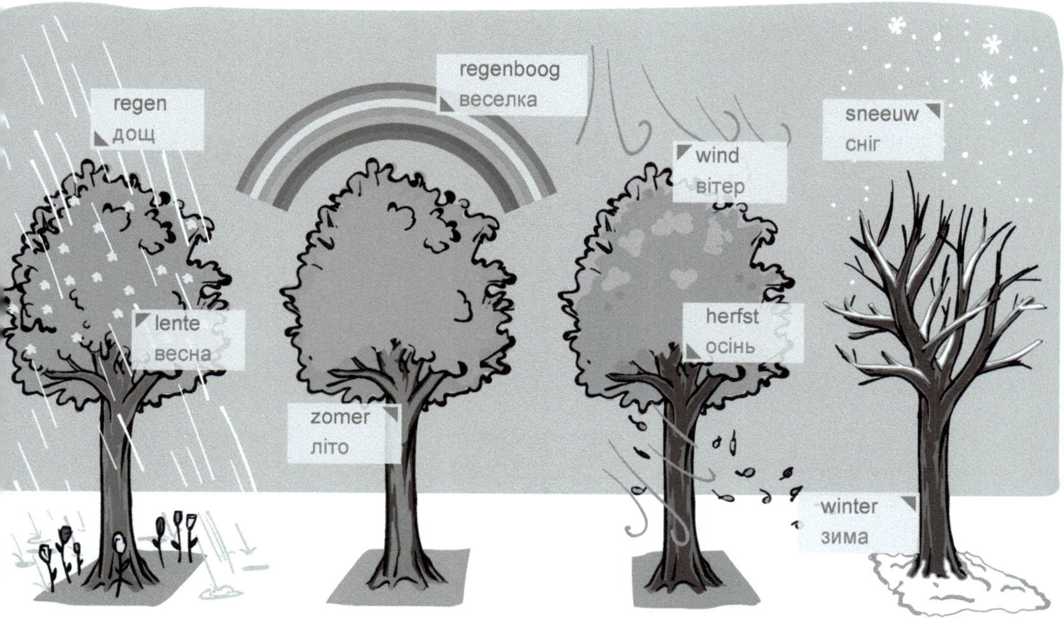

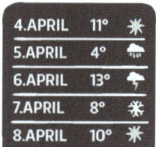

weervoorspelling

прогноз погоди

F
C
120
90
60
30
0
-30
40
30
20
10
0
-10
-20

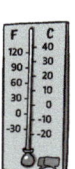

thermometer

термометр

zonneschijn

сонячне світло

wolk

хмара

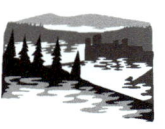

mist

туман

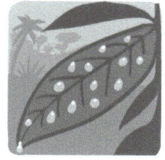

vochtigheid

вологість повітря

bliksem

блискавка

donder

грім

storm

шторм

hagel

град

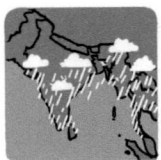

moesson

мусон

overstroming

повінь

ijs

лід

januari

Січень

februari

Лютий

maart

Березень

april

Квітень

mei

Травень

juni

Червень

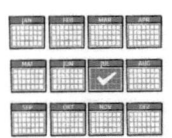

juli

Липень

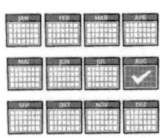

augustus

Серпень

september
....
Вересень

oktober
....
Жовтень

november
....
Листопад

december
....
Грудень

vormen

форми

cirkel
....
круг

kwadraat
....
квадрат

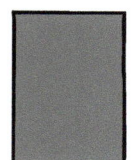

rechthoek
....
прямокутник

driehoek
....
трикутник

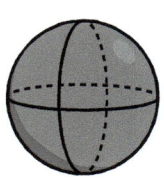

bol
....
куля

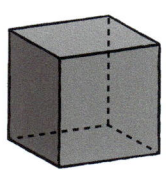

kubus
....
куб

wit

білий

geel

жовтий

oranje

помаранчевий

roze

рожевий

rood

червоний

paars

фіолетовий

blauw

синій

groen

зелений

bruin

коричневий

grijs

сірий

zwart

чорний

veel / weinig

багато / мало

boos / kalm

лютий / мирний

mooi / lelijk

гарний / бридкий

begin / einde

початок / кінець

groot / klein

великий / малий

licht / donker

світлий / темний

broer / zus

брат / сестра

proper / vuil

чистий / брудний

volledig / onvolledig

завершений /
незавершений

dag / nacht

день / ніч

dood / levend

мертвий / живий

breed / smal

широкий / вузький

eetbaar / oneetbaar

їстівний / неїстівний

kwaadaardig / vriendelijk

злий / дружній

opgewonden / verveeld

збуджений / нудьгуючий

dik / dun

товстий / тонкий

eerst / laatst

спочатку / востаннє

vriend / vijand

друг / ворог

vol / leeg

повний / порожній

hard / zacht

жорсткий / м'який

zwaar / licht

важкий / легкий

honger / dorst

голод / спрага

ziek / gezond

хворий / здоровий

illegaal / legaal

незаконний / законний

intelligent / dom

розумний / дурний

links / rechts

вліво / вправо

dichtbij / veraf

поруч / далеко

nieuw / gebruikt

новий / використаний

niets / iets

нічого / щось

oud / jong

старий / молодий

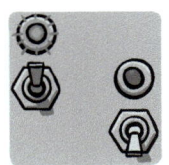

aan / uit

вкл / викл

open / dicht

відкрито / закрито

stil / luid

тихо / гучно

rijk / arm

багатий / бідний

juist / fout

правильно / неправильно

ruw / glad

шорсткий / гладкий

droevig / blij

сумний / щасливий

kort / lang

короткий / довгий

traag / snel

повільно / швидко

nat / droog

вологий / сухий

warm / koud

гарячий / холодний

oorlog / vrede

війна / мир

0

nul

нуль

1

één

один

2

twee

два

3

drie

три

4

vier

чотири

5

vijf

п'ять

6

zes

шість

7

zeven

сім

8

acht

вісім

9

negen

дев'ять

10

tien

десять

11

elf

одинадцять

12

twaalf

дванадцять

13

dertien

тринадцять

14

veertien

чотирнадцять

15

vijftien

п'ятнадцять

16

zestien

шістнадцять

17

zeventien

сімнадцять

18

achtien

вісімнадцять

19

negentien

дев'ятнадцять

20

twintig

двадцять

100

honderd

сто

1.000

duizend

тисяча

1.000.000

miljoen

мільйон

Engels

англійська

Amerikaans Engels

американська англійська

Chinees (Mandarijn)

китайська
високочиновницька

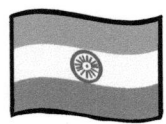

Hindi

хінді

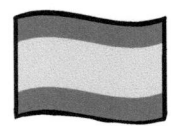

Spaans

іспанська

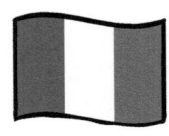

Frans

французька

Arabisch

арабська

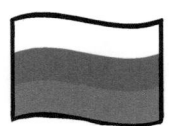

Russisch

російська

Portugees

португальська

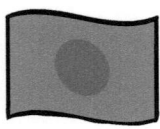

Bengali

бенгальська

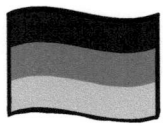

Duits

німецька

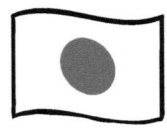

Japans

японська

ik

я

u

ти

hij / zij / het

він / вона / воно

wij

ми

u

ви

ze

вони

wie?

хто?

wat?

що?

hoe?

як?

waar?

де?

wanneer?

коли?

naam

ім'я

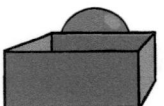

achter

ззаду

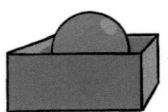

in

в

voor

перед

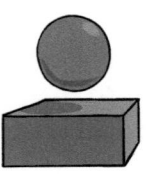

boven

над

op

на

onder

під

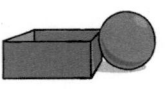

naast

біля

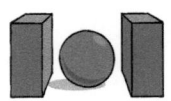

tussen

між

plaats

місце